박수현 글 · 그림

홍익대 미술대학 회화과를 졸업하고 현재 어린이를 위한 책을 기획하며 글을 쓰고, 프리랜서 일러스트레이터로 활동하고 있다. 제16회 유네스코 노마 콩쿠르에서 수상하였고, 제1회 CJ 그림책 축제에서 그림책 일러스트레이터로 선정되었다. 지은 책으로 어린이 교양서 《잘생긴 명화 못생긴 명화》, 《미술관에 간 역사 박물관에 간 명화》와 창작 그림책 〈걸작의 탄생〉 시리즈, 《세상에서 가장 큰 스케치북》, 《광화문 해치의 모험》, 《아빠가 작아졌어요》, 《지구본 세계 여행》, 《막동아, 금강산 가자스라》, 《막동아, 한강에 배 띄워라》 등이 있다.

걸작의 탄생 **15**

세상을 밝히는 자유의 빛, 자유의 여신상

펴낸날 1판 1쇄 2026년 1월 6일 인쇄 2026년 1월 20일 발행

글·그림 박수현 **펴낸이** 문상수 **펴낸곳** 국민서관㈜ **출판등록** 제406-1997-000003호

본부장 이성호 **책임편집** 고은비 **편집** 금혜린, 한가원 **디자인** 박성은 **마케팅** 조병준, 조수빈 **관리·제작** 홍효정

주소 (10881) 경기도 파주시 광인사길 63 국민서관㈜ **전화** 070)4330-7842 **팩스** 070)4850-9062

인스타그램·페이스북 @kookminbooks **카페** http://cafe.naver.com/kmbooks

ISBN 978-89-11-13140-2 74810 / 978-89-11-12446-6 (세트) **값** 15,000원

사진 출처 펠릭스 나다르, 게티이미지뱅크, 알랭 바세(CC BY-SA 3.0), 토마 브레송(CC BY 3.0), 뉴욕 공립도서관, 미국 국립공원관리청, 대니얼 슈엔(CC BY-SA 4.0), 미국 의회도서관, 위키미디어 커먼즈

국민서관 SNS

열다섯

걸작의 탄생

세상을 밝히는 자유의 빛,

자유의 여신상

박수현 글 · 그림

국민서관

“가자! 자유와 희망의 땅 미국으로!”

사람들은 저마다 부푼 꿈을 안고 배에 몸을 실었어요.

하루, 이틀, 열흘… 가도 가도 육지는 보이지 않았어요.

저 멀리 뉴욕항이 보이자, 사람들은 그제야 기쁨과 안도의 한숨을 내쉬었지요.

그곳, 뉴욕항의 조그마한 섬에 우리의 주인공이 있어요.

바로 꺼지지 않는 횃불로 세상을 밝히는 자유의 여신상이에요.

사람들은 '미국' 하면 '자유의 여신상'을 가장 먼저 떠올려요.

비밀 하나 알려 줄까요?

사실 자유의 여신상은 미국에서 만든 게 아니에요.

프랑스가 미국에 준 선물이지요.

미국은 한때 영국의 식민지였어요.
전쟁으로 나랏돈이 부족해진 영국은
식민지에서 막대한 세금을 거두었어요.
성난 식민지 사람들은 독립하겠다며 들고일어났지요.
영국과 앙숙인 프랑스도 군대를 보내 도와주었어요.
결국 힘에 부친 영국이 식민지의 독립을 인정했고,
미국이라는 새로운 나라가 탄생했어요.

에두아르 드 라불레

프랑스의 정치사상가, 법학자.
노예제 폐지 운동가로 활동.

수십 년 후 미국은 또다시 전쟁터가 되었어요.

남북으로 나뉘어 싸웠고, 북부의 승리로 노예가 자유를 얻었지요.

라불레는 크게 기뻐하며 동료들에게 제안했어요.

“미국이 진정한 자유를 향해 나아갔습니다.

미국 독립 100주년도 다가오니 우리 프랑스가 선물을 보내면 어떨까요?”

프레데리크 바르톨디

프랑스의 조각가, 화가.
역사적 의미를 담은 대형 조각상을 주로 제작.

선물은 자유를 상징하는 조각상으로 정했어요.
역사에 남을 거대한 작품을 만들고 싶어 했던
바르톨디가 제작을 맡았어요.
바르톨디는 미국으로 건너가 프랑스의 뜻을 전했어요.
우정 선물을 놓을 자리도 점찍어 두었지요.

바르톨디는 강인한 여신상을 구상했어요.
자유의 여신 리베르타스에서 영감을 얻었는데
얼굴은 인자하면서도 굳센 그의 어머니를 닮았어요.
여신상은 어마어마하게 큰 만큼 만드는 과정도 아주 복잡했어요.
작은 모형을 만든 다음, 점차 크기를 키워 나갔지요.

실제 크기로 만들 땐 너무 커서 여러 부분으로 나누어 만들었어요.

먼저 나무 막대로 모양을 잡아요.

겉에 석고 반죽을 바르고, 마르길 기다려요.

석고가 굳으면 정교하게 다듬어요.

이제 겨우 밑 작업이 끝났어요.

여신상 겉면이 될 구리판을 만들 차례예요.

석고 위에 구리판을 대고 망치질하면 석고가 깨지겠죠?

모양을 본뜨려면 단단한 틀이 필요해요.

석고 겉 윤곽을 따라 나무판을 맞대어 틀을 만들어요.

나무틀을 조심조심 떼어 뒤집어 놓아요.
석고와 맞닿았던 면이 위로 가게요.

틀 위에 구리판을 올려놓고 망치로 두들겨요.
석고의 윤곽이 구리판에 그대로 옮겨져요.
구리판들을 조립하면 여신상이 될 거예요.

문제가 생겼어요! 미국 독립 100주년까지 여신상을 완성하지 못한 거예요.

횃불을 든 오른손만 미국 필라델피아 박람회에서 선보일 수 있었어요.

게다가 제작비까지 모자랐어요. 라불레는 열심히 기금을 모았고,
프랑스 파리 만국 박람회에서 머리를 전시해 부족한 돈을 메꾸었어요.

구스타브 에펠

프랑스의 건축가, 구조 공학자.
철의 마술사라 불리었으며
에펠탑을 설계.

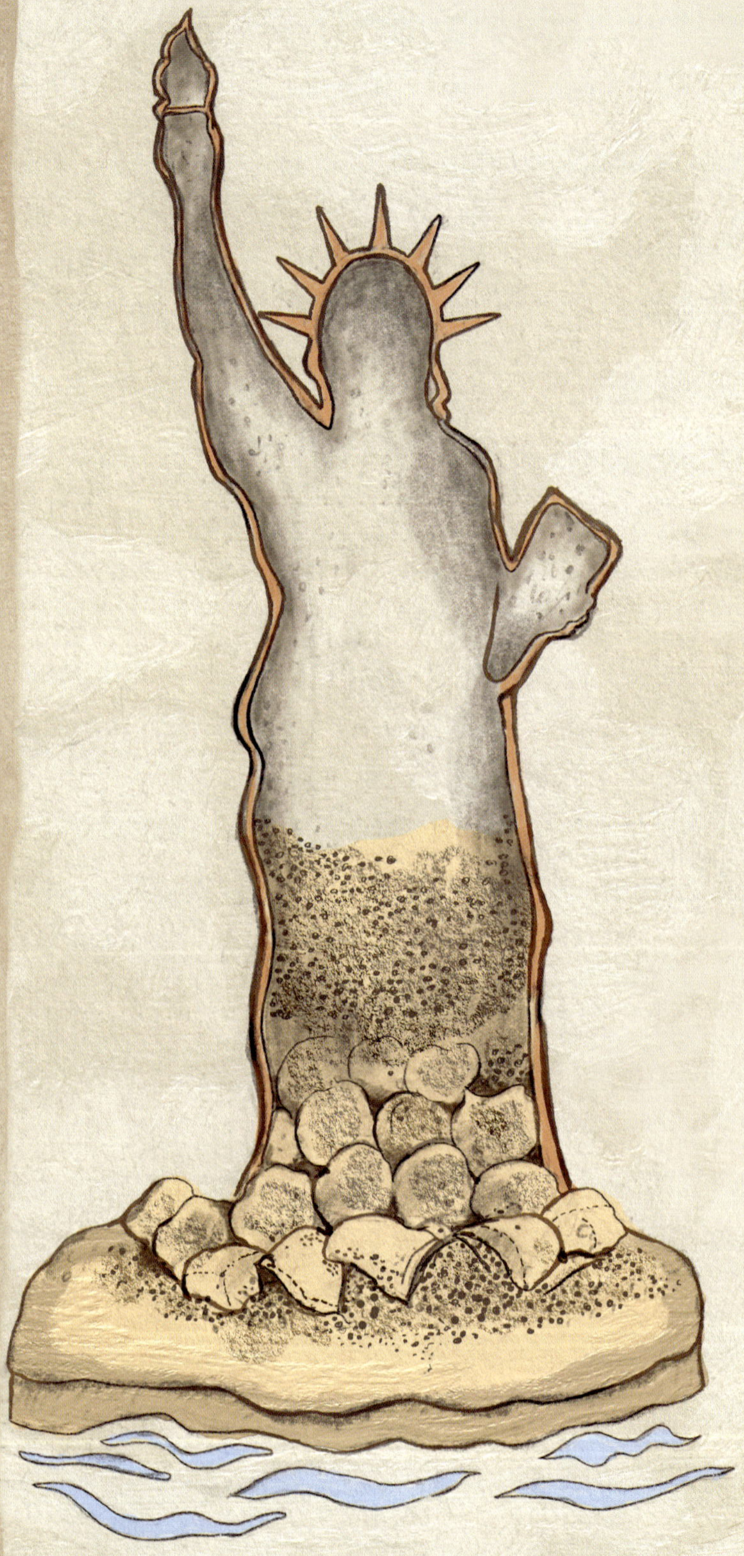

여신상을 어떻게 서 있게 할지도 고민이었어요.
텅 빈 속을 무엇으로 채워야
거센 바닷바람에도 쓰러지지 않을까요?
처음엔 모래를 엉덩이까지 채워 세우려 했어요.
하지만 내부 설계를 맡은 에펠은 생각이 달랐어요.
"모래 무게만으론 안정감이 없어요.
바람과 온도 변화에도 강한 철로 뼈대를 만듭시다."

에펠은 철 뼈대를 세우고, 거기에 구리판을 붙였어요.
발부터 무릎, 허리… 서서히 여신상의 모습이 드러났죠.
놀라지 마세요. 자유의 여신상이 처음 조립된 곳은
미국이 아니라 프랑스 파리였어요.

위엄 있는 모습을 좀 보세요.

빛이 뻗어 나가는 성스러운 왕관을 썼어요.

횃불을 쥔 오른손은 높이 치켜들어 자유로 향하는 길을 비추고 있어요.
왼손에는 독립을 선언한 영광스러운 날,
1776년 7월 4일이 새겨진 명판을 들었지요.
왼발로는 끊어진 사슬을 밟으며 억압이 사라진 것을 알리고,
오른발은 뒤꿈치를 살짝 들어 앞으로 나아가고 있어요.

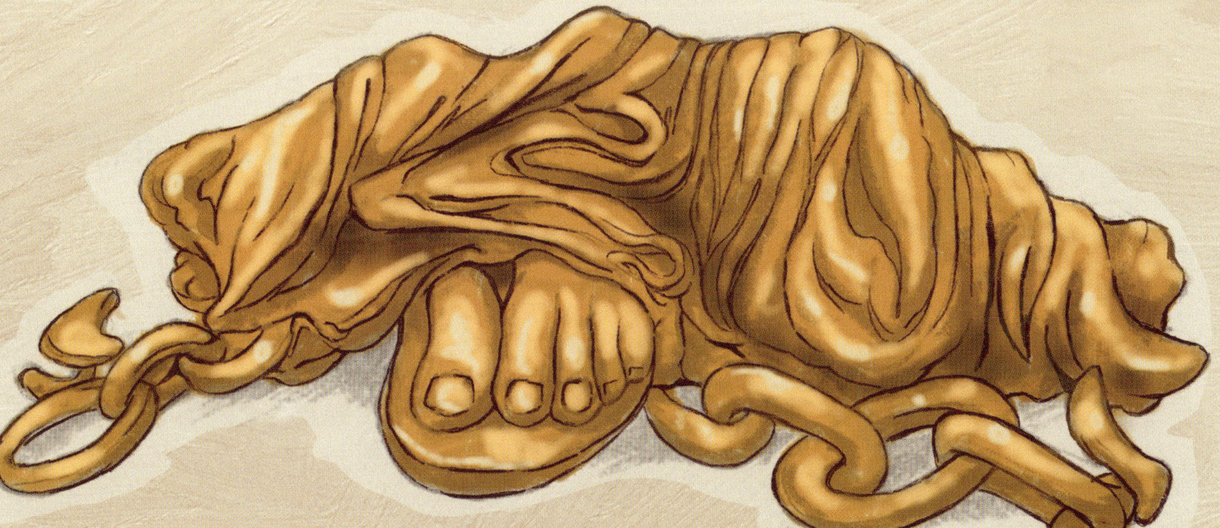

JULY
IV

여신상은 다시 350조각으로 나뉘었어요. 미국으로 가기 위해서요.

한 달이나 걸려 겨우 도착했지만, 여신상은 조립되지 못했어요.

미국에서 만들기로 한 받침대가 완성되지 않았거든요.

조지프 퓰리처

미국의 언론인, 신문 발행인.
최고 권위 언론상인
퓰리처상 마련.

여신상이 방치되자, 퓰리처가 나섰어요.

"모금에 동참하세요! 프랑스에선 노동자도, 상인도, 가게 직원도
다들 조금씩 돈을 내 여신상을 만들었습니다.
단돈 1센트라도 괜찮습니다. 자유를 사랑하는 마음을 표현해 주세요.
우리 국민이 직접 나서서 이 선물을 완성합시다!"

퓰리처는 신문에 모금 운동 글을 실었어요.
기부한 사람의 이름을 빠짐없이 신문에 싣겠다 약속했지요.
어린이부터 노인까지 동전 한 닢 한 닢 마음을 보탰고,
반년 만에 받침대를 만들 돈이 다 모였어요.

리처드 헌트

미국의 건축가.
뉴욕 메트로폴리탄 미술관의
전면부와 중앙 홀 설계.

커다란 여신상을 떠받치려면 받침대가 아주 튼튼해야 해요. 헌트는 땅을 깊게 파고 콘크리트로 두꺼운 벽을 쌓아 올렸어요. 겉은 화강암으로 견고하게 마무리했지요. 이제 뼈대를 세우고 구리판을 조립하면 진짜 끝이에요.

1886년 10월 28일

바르톨디는 왕관 전망대에 올라
여신상의 얼굴을 가리고 있던 프랑스 국기를 내렸어요.
드디어 자유의 여신상이 미국에 공개된 거예요.
계획보다 10년 늦은 선물이었지만,
모두 한마음이 되어 기뻐했어요.

JULY

그날 이후 자유의 여신상은 바다 건너 미국에 온 사람들을 가장 먼저 맞이했어요.
자유와 희망의 빛으로 길을 밝히면서요.
자유를 꿈꾸는 사람이 있다면
여신상은 언제까지고 이 자리를 굳건히 지킬 거예요.

프레데리크 바르톨디

[Frédéric Bartholdi, 1834.8.2.~1904.10.4.]

프랑스의 조각가 바르톨디는 이집트로 여행을 갔다가 거대한 조각상에 매료되었습니다. 고대 도시는 폐허가 되었지만 거대한 조각상들은 굳건히 자리를 지키고 있었습니다. 그 장엄한 모습에 감명받은 바르톨디는 영원히 남을 작품을 만들겠다는 꿈을 키웠습니다. 수에즈 운하가 완공을 앞두자, 그는 운하 입구에 거대한 등대 조각상을 세우자고 제안했습니다. 횃불을 든 이집트 여인의 모습이었습니다. 재정 문제로 만들지는 못했지만, 이 아이디어는 수정을 거듭해 자유의 여신상으로 재탄생하였습니다. 제막식 날 바르톨디는 감격에 겨워 말했습니다. "그토록 바라던 꿈이 이루어졌습니다. 우리가 사라진 뒤에도, 우리와 함께한 모든 것이 사라진 뒤에도 여신상은 영원히 남아 있을 것입니다."

바르톨디에게 깊은 인상을 남긴
이집트의 아부심벨 신전

아시아에 빛을 전하는 이집트
프레데리크 바르톨디, 1869년,
콜마르 바르톨디 박물관

자유의 여신상 초기 작품
프레데리크 바르톨디, 1875년,
리옹 미술관

바르톨디의 거대 조각상

벨포르의 사자

1875~1880년, 프랑스 벨포르

바르톨디를 프랑스의 국민 조각가로 알려지게 한 작품입니다. 1870년 보불 전쟁이 벌어지자 벨포르시는 프로이센 군대에 포위되었습니다. 다른 도시가 차례로 점령되었지만, 벨포르 시민은 100일 넘게 대항하며 버텼지요. 이들이 보여 준 저항 정신과 애국심을 기리기 위해 바르톨디는 용기를 상징하는 사자상을 만들었습니다. 붉은 사암을 깎아 만든 사자상은 길이 22미터, 높이 11미터에 달하는 어마어마한 크기입니다. 도시를 내려다볼 수 있는 요새 아래에 자리해 멀리서도 용맹한 사자상을 볼 수 있습니다.

자유의 여신상 제작 과정

1

나무 막대로 형태를 잡은 후 겉에 석고 반죽을 바릅니다. 석고가 굳으면 정교하게 조각합니다.

2

석고 겉면에 나무판을 맞대어 붙입니다. 석고 윤곽을 본뜰 틀을 만드는 과정입니다.

3

나무틀을 떼어 내 그 위에 구리판을 올려 두들깁니다. 석고 윤곽이 구리판에 드러납니다.

4

몸을 지탱할 철 뼈대를 세웁니다. 뼈대가 꼭 철탑처럼 생겼습니다.

5

아래부터 구리판을 철 뼈대에 조립합니다. 상반신에는 아직 뼈대가 드러나 있습니다.

6

머리까지 철 뼈대에 단단히 고정했습니다.

7

조립을 끝마치고, 1884년 7월 4일 미국 대사에게 여신상을 기증하는 행사를 열었습니다.

자유의 여신상에 숨겨진 흥미진진한 이야기

사람보다 훨씬 큰 여신상 얼굴

1. 자유의 여신상은 얼마나 클까?

여신상은 높이가 46미터, 받침대를 포함하면 93미터로 22층 건물과 비슷합니다. 세워질 당시 뉴욕에서 가장 높은 구조물이었습니다. 여신상의 무게는 225톤이고, 겉면의 구리만 해도 80톤이나 됩니다. 하지만 구리 두께는 2.5밀리로, 10원짜리 동전 2개와 비슷한 두께지요. 머리는 가로 3.05미터에 세로 5.26미터고, 눈은 0.76미터, 코는 1.37미터, 입은 0.91미터입니다. 손 길이는 5미터, 집게손가락은 2.44미터며, 횃불을 든 오른팔은 12.8미터로 대형 버스 길이만 합니다.

2. 자유의 여신상이 등대 역할을 했다고?

여신상의 정식 명칭은 '세상을 밝히는 자유'입니다. 그 이름처럼 여신상은 1886년부터 1902년까지 바다를 향해 빛을 비추었습니다. 횃불 내부에 조명등을 설치해 뉴욕항으로 들어오는 배들에 길잡이 역할을 한 거지요. 불빛이 새어 나오도록 창도 냈지만 빛이 희미해 16년 만에 등대 역할을 내려놓았습니다.

바르톨디가 만든 횃불과 새로 만든 횃불

3. 지금 설치된 횃불은 바르톨디가 만든 게 아니라고?

바르톨디는 횃불이 낮에도 빛나도록 금박을 씌우려고 했습니다. 하지만 등대로 쓰려면 계획을 바꿔야만 했습니다. 금박 대신 횃불에 구멍을 뚫어 조명을 밝히기로 한 거지요. 이후 구리판을 유리로 바꾸는 등 여러 번 고쳤고, 100주년이 될 즈음엔 누수와 부식으로 수리할 수 없는 지경이 되었습니다. 결국 오래된 횃불은 1984년에 철거하고, 바르톨디의 처음 구상대로 금박 횃불을 새로 만들어 설치했습니다. 바르톨디가 만든 오래된 횃불은 자유의 여신상 박물관에 전시되어 있습니다.

4. 자유의 여신상은 왜 청록색일까?

여신상은 처음 뉴욕항에 세워졌을 때만 해도 구릿빛, 그러니까 반짝이는 적갈색이었습니다. 그런데 지금은 청록색이지요. 페인트라도 칠한 걸까요? 구리는 산소와 만나면 녹슬게 됩니다. 구리로 만들어진 여신상은 오랜 시간 눈과 비, 짠 바닷바람에 노출되어 점점 녹슬어 갔습니다. 처음에는 반짝임이 줄고 어두워지더니 조금씩 초록색 기운이 돌기 시작했습니다. 그리고 30년 정도 지나자 여신상 전체가 청록색이 되었습니다.

녹슬어 청록색으로 변한 여신상

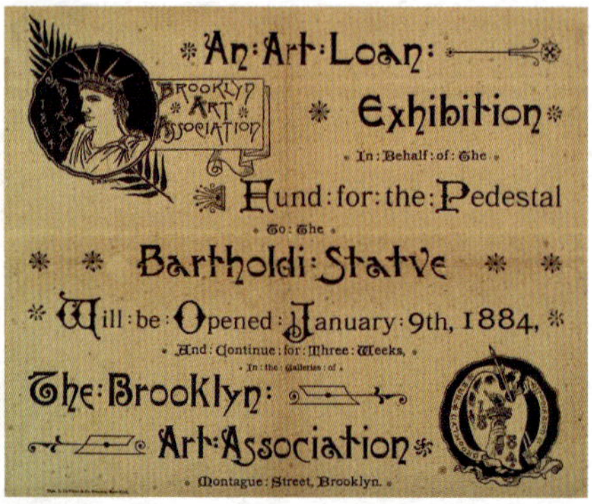

기금 마련을 위한 미술품 전시회 포스터

5. 기금은 어떻게 모았을까?

여신상과 받침대는 프랑스와 미국 국민이 낸 돈으로 만들었습니다. 기금을 모으기 위해 권투 시합 같은 경기를 열었으며, 연극·음악회 같은 자선 행사도 진행했습니다. 샤를 구노는 '세상을 밝히는 자유'라는 성악곡을 작곡해 공연하기도 했습니다. 예술가들의 작품을 전시하고 경매에 부쳤고, 여기에는 바르톨디가 만든 여신상 초기 작품도 있었습니다. 작은 크기의 여신상 모형과 복권도 팔았습니다. 또 여신상의 오른손을 필라델피아 박람회와 뉴욕 매디슨 스퀘어 공원에 전시해 횃불에 오르는 입장료를 받기도 했습니다. 조지프 퓰리처는 모금 캠페인을 벌였고, 산업가 외젠 스크레탕은 구리 60톤을 기증해 큰 도움을 주었습니다.

6. 여신상은 어쩌다 이민자를 환영하는 상징물이 되었을까?

1883년 에마 라자루스는 받침대 기금 마련을 위해 '새로운 거상'이라는 시를 써 경매에 냈습니다. 당시 동유럽에서 박해를 피해 수많은 유대인이 미국으로 넘어왔습니다. 라자루스는 이들의 고통에 안타까워하며 희망을 주는 메시지를 시에 담아냈습니다. "내게 보내 다오. 지치고 가난한 이들을, 자유를 갈망하며 모여든 이들을, 넘쳐나는 땅에서 버림받은 가여운 이들을. 폭풍우에 시달린 갈 곳 없는 이들을 내게 보내 다오. 내가 황금 문 곁에서 횃불을 높이 들어 올리겠노라!" 이 시는 1903년 명판에 새겨져 받침대 안에 전시되었고, 이후 여신상은 이민자를 따뜻하게 맞이하는 상징이 되었습니다.

'여성에게 투표권을'이라고 적힌 망토를 두르고,
아직 투표권이 없는 미 동부로 나아가는 여신상 그림

7. 제막식에 여성은 초대받지 못했다고?

바르톨디와 미국의 클리블랜드 대통령이 참석한 제막식에는 2,500명 정도가 초대받았습니다. 하지만 초대 명단에 여성은 한 명도 없었고, 행사장으로 가는 공식 선박에도 여성은 탈 수 없었습니다. 바르톨디의 부인과 프랑스-미국 연합 위원장의 딸만이 일행으로 특별히 참석할 수 있었지요. 분노한 여성 운동가들은 보트를 타고 항의했습니다. 여성에게 자유롭게 투표할 권리를 주지 않으면서, 여성의 모습을 한 자유의 여신상을 기념하는 건 웃긴 일이라고요.

8. 자유의 여신상은 왜 벼락을 자주 맞을까?

여신상은 매년 수차례 벼락을 맞습니다. 리버티섬 주변에는 높은 건물이 없어, 홀로 우뚝 솟은 여신상이 자연스럽게 피뢰침 역할을 합니다. 게다가 전기가 잘 통하는 구리로 만들어져 벼락이 내리치기 더욱 쉽습니다. 내리꽂힌 전류는 여신상 겉면에서 내부 철 뼈대, 받침대를 지나 땅속으로 안전하게 빠져나갑니다. 덕분에 여신상이 망가질 걱정은 하지 않아도 됩니다.

여신상 주위로 벼락이 내리치는 모습

내부의 나선형 계단과 왕관 전망대

9. 자유의 여신상 안으로 들어갈 수 있을까?

받침대 입구로 들어가면 계단이나 엘리베이터를 이용해 오를 수 있습니다. 받침대 꼭대기에서 여신상 내부로 좁은 나선형 계단이 펼쳐지는데, 계단 162개를 오르면 왕관 전망대에 도착합니다. 왕관에는 창문이 25개 있어 뉴욕항을 내다볼 수 있습니다.

10. 자유의 여신상에 자매가 있다고?

프랑스 파리 시뉴섬에는 4분의 1 크기로 만든 자유의 여신상이 있습니다. 1889년 파리에 사는 미국인들이 프랑스 혁명 100주년을 기념해 프랑스에 선물한 것입니다. 파리 오르세 미술관에는 바르톨디가 만든 16분의 1 크기 모형이, 뉴욕 메트로폴리탄 미술관에는 기금 마련을 위해 판매했던 모형이 전시되어 있습니다. 이 밖에도 바르톨디의 고향인 프랑스 콜마르, 미국 라스베이거스, 일본 도쿄, 브라질 리우데자네이루 등 세계 곳곳에 여신상 복제품이 설치되어 있습니다.

시뉴섬 자유의 여신상